AF348427

A *Kalmus Classic Edition*

Claude
DEBUSSY

BALLADE

FOR PIANO

K 03371

BALLADE

POUR LE PIANO
CL. DEBUSSY
(1890)

Andantino con moto (Tempo rubato)
PIANO
pp
rit.
Tempo
pp
cresc.

cresc.
mf
3
3
f
a Tempo
poco rit.
p
p
pp
Poco mosso
p

p
rit.
pp a Tempo
pp
p
pp
8
pp
mo - ren - do

mf
f
dim.
p
cresc.
dim. rit.
Molto calmato
p
Ballade 59

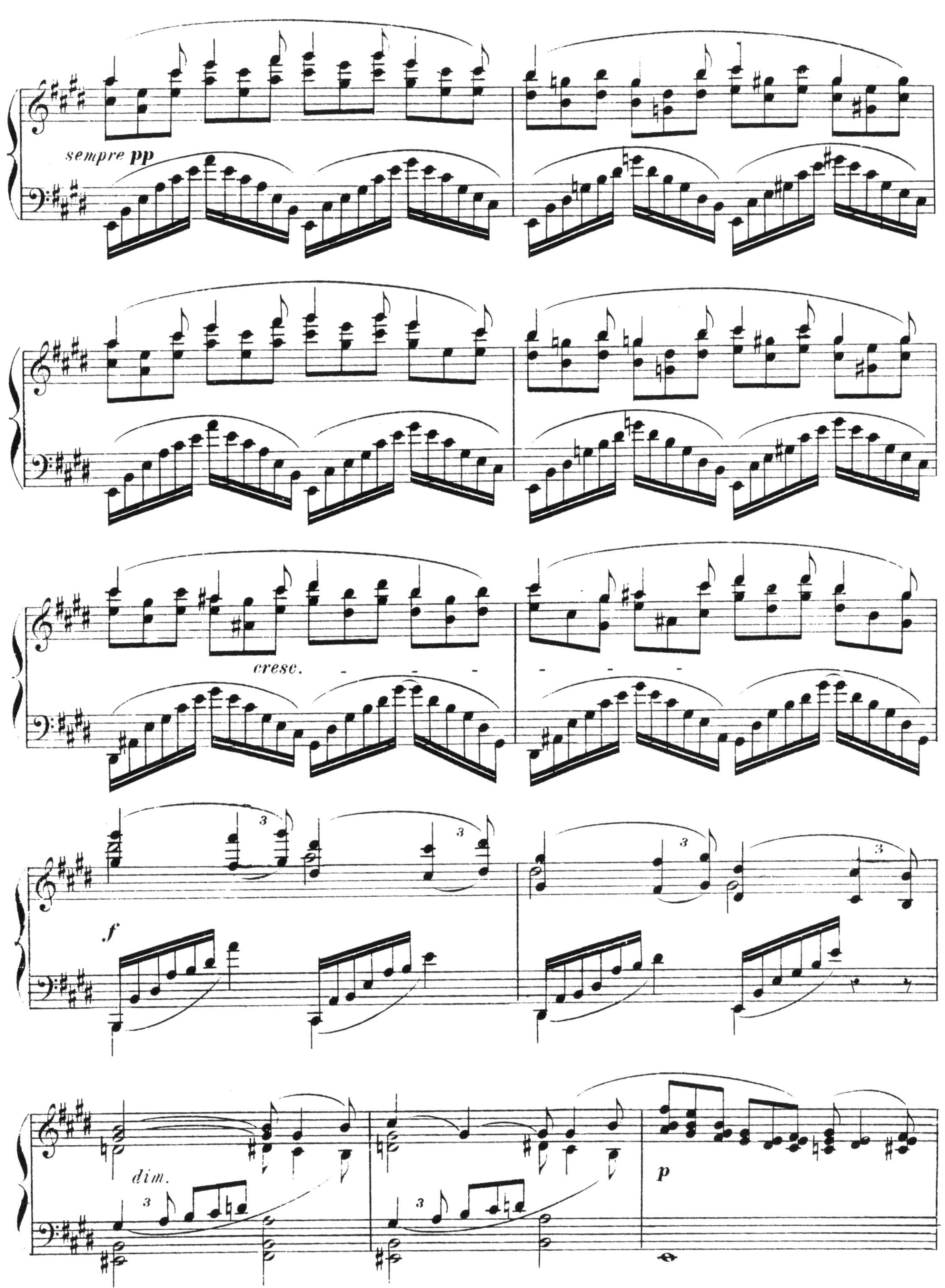

sempre pp
cresc.
f
dim.
3
3
3
3
3
p
60 Ballade

a Tempo
rit:
pp
pp
I° Tempo
8
très retenu
ppp
pp
8
pp_ pp_
p
più p
pp
3
3
3
3
m.g.
retenu
pp